Impressum
Verlag: BABADADA GmbH, Nedderfeld 112 , 22529 Hamburg
Geschäftsführer / Verlagsleitung: Harald Hof
Druck: Books on Demand GmbH, In de Tarpen 42, 22848 Norderstedt

Imprint
Publisher: BABADADA GmbH, Nedderfeld 112 , 22529 Hamburg, Germany
Managing Director / Publishing direction: Harald Hof
Print: Books on Demand GmbH, In de Tarpen 42, 22848 Norderstedt, Germany

skola

sekolah

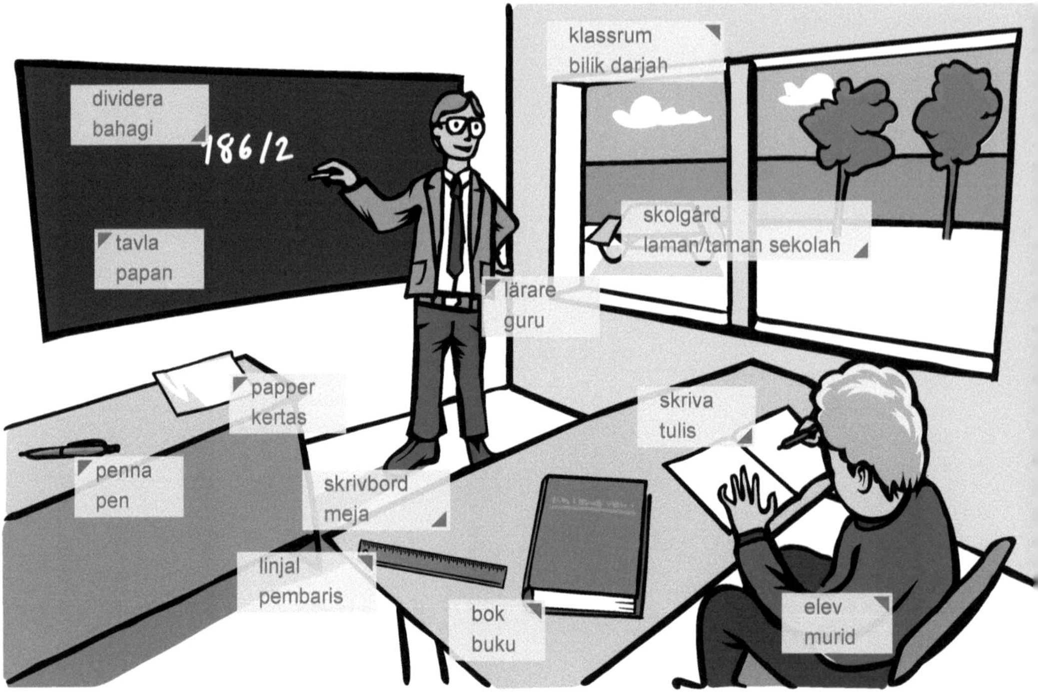

klassrum
bilik darjah
dividera
bahagi
186/2
skolgård
laman/taman sekolah
tavla
papan
lärare
guru
papper
kertas
skriva
tulis
penna
pen
skrivbord
meja
linjal
pembaris
bok
buku
elev
murid

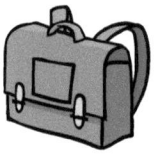

skolväska

beg galas

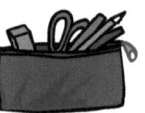

pennfodral

kotak pensel

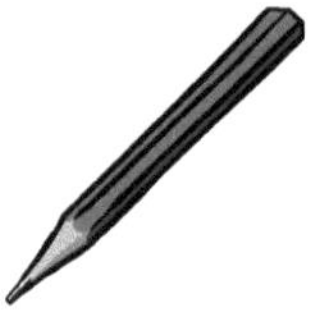

blyertspenna

pensel

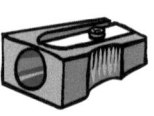

pennvässare

pengasah pensel

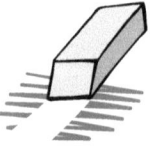

suddgummi

pemadam

ritblock

kertas lukisan

teckning

melukis

pensel

berus lukis

målarlåda

kotak warna

sax

gunting

lim

gam

övningsbok

buku latihan

hemläxa

kerja rumah

12

tal

nombor

2+2

addera

tambah

5-2

subtrahera

tolak

2×2

multiplicera

darab

räkna

kira

A

bokstav

huruf

ABCDEFG
HIJKLMN
OPQRSTU
VWXYZ

alfabet

abjad

hello

ord

kata

text
....
teks

läsa
....
baca

krita
....
kapur

lektion
....
pelajaran

register
....
daftar

prov
....
peperiksaan

intyg
....
sijil

skoluniform
....
uniform sekolah

utbildning
....
pendidikan

uppslagsverk
....
ensiklopedia

universitet
....
universiti

mikroskop
....
mikroskop

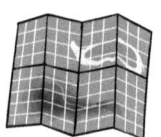

karta
....
peta

papperskorg
....
bakul sampah

resa
berjalan

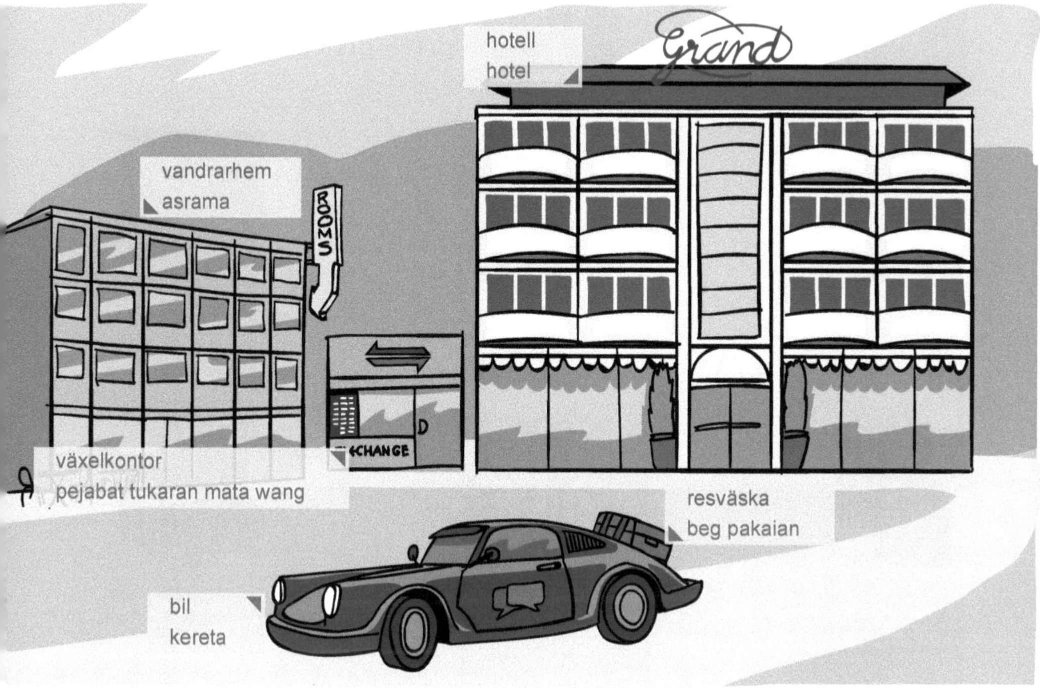
hotell
hotel
Grand
vandrarhem
asrama
ROOMS
CHANGE
växelkontor
pejabat tukaran mata wang
resväska
beg pakaian
bil
kereta

språk
....
bahasa

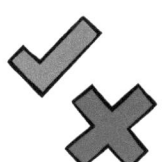

ja / nej
....
ya / tidak

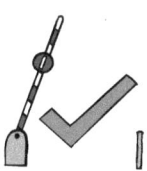

Okay
....
okey

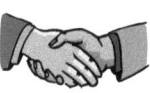

hej
....
helo

översättare
....
penterjemah

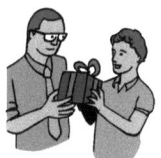

Tack
....
Terima kasih

hur mycket kostar…?

berapa banyak…?

jag förstår inte

saya tidak faham

problem

masalah

God kväll!

Selamat petang!

God morgon!

Selamat Pagi!

God natt!

Selamat Malam!

hejdå

selamat tinggal

riktning

arah

bagage

bagasi

väska

beg

ryggsäck

beg galas

gäst

tetamu

rum

bilik tidur

sovsäck

beg tidur

tält

khemah

turistinformation

maklumat pelancong

strand

pantai

kreditkort

kad kredit

frukost

sarapan

lunch

makan tengah hari

middag

makan malam

biljett

tiket

hiss

lif

frimärke

setem

gräns

sempadan

tull

kastam

ambassad

kedutaan

visum

visa

pass

pasport

transport

pengangkutan

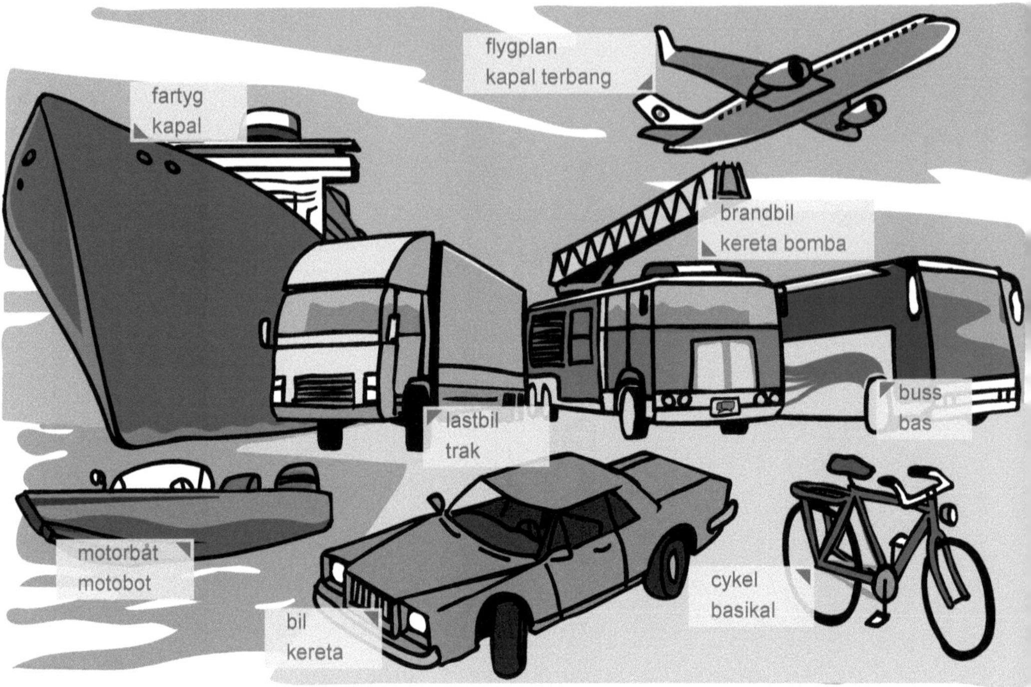
flygplan
kapal terbang
fartyg
kapal
brandbil
kereta bomba
lastbil
trak
buss
bas
motorbåt
motobot
cykel
basikal
bil
kereta

färja
feri

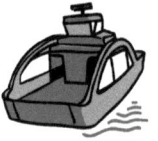

båt
bot

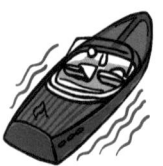

motorcykel
motosikal

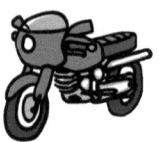

polisbil
kereta polis

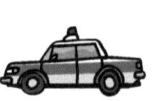

racerbil
kereta lumba

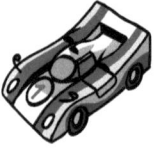

hyrbil
kereta sewa

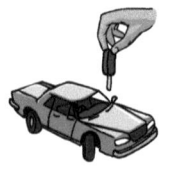

bilpool

berkongsi kereta

bärgningsbil

trak tunda

sopbil

trak menolak

motor

motor

bränsle

bahan api

bensinstation

stesen minyak

vägmärke

tanda trafik

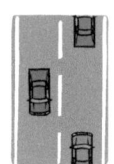

trafik

trafik

bilkö

kesesakan lalu lintas

parkeringsplats

tempat parkir

tågstation

stesen kereta api

räls

trek

tåg

kereta api

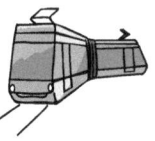

spårvagn

trem

vagn

gerabak

helikopter

helikopter

flygplats

lapangan terbang

torn

Menara

passagerare

penumpang

container

bekas

kartong

kadbod

vagn

kart

korg

bakul

starta / landa

berlepas / mendarat

stad

bandar

by

kampung

centrum

pusat bandar

hus

rumah

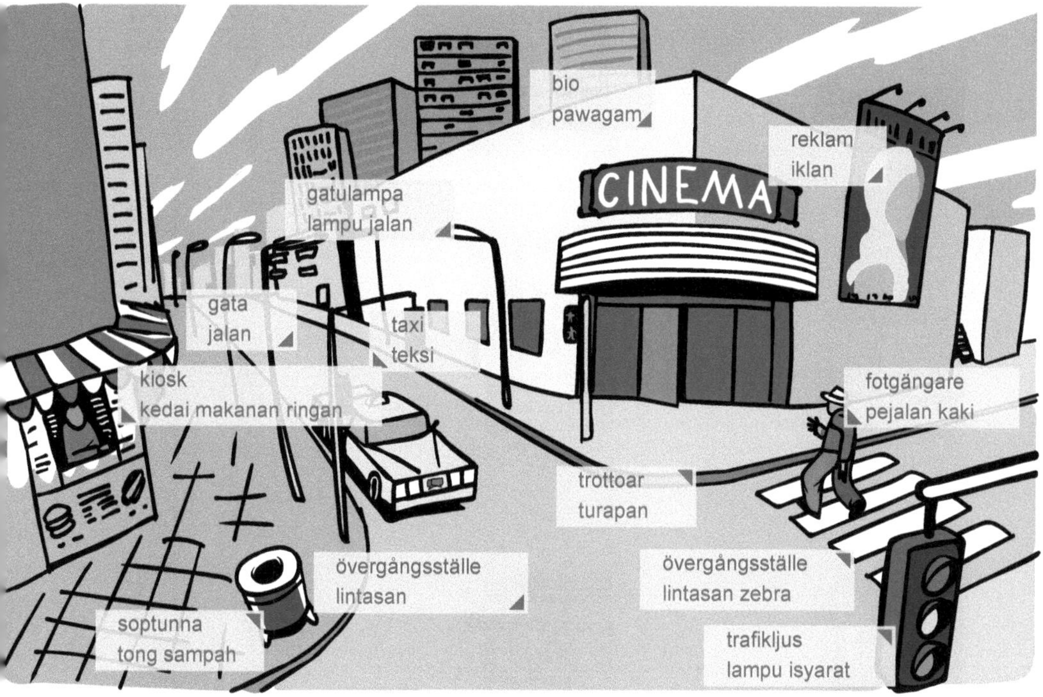
bio
pawagam
reklam
iklan
gatulampa
lampu jalan
gata
jalan
taxi
teksi
kiosk
kedai makanan ringan
fotgängare
pejalan kaki
trottoar
turapan
övergångsställe
lintasan
övergångsställe
lintasan zebra
soptunna
tong sampah
trafikljus
lampu isyarat

stuga

pondok

lägenhet

flat

tågstation

stesen kereta api

stadshus

dewan bandar

museum

muzium

skola

sekolah

universitet

universiti

bank

bank

sjukhus

hospital

hotell

hotel

apotek

farmasi

kontor

pejabat

bokhandel

kedai buku

affär

kedai

blomsterbutik

kedai bunga

stormarknad

pasar raya

marknad

pasaran

varuhus

gedung

fiskhandlare

penjual ikan

köpcentrum

pusat membeli-belah

hamn

pelabuhan

park
taman

bänk
bangku

brygga
jambatan

trappa
tangga

tunnelbana
bawah tanah

tunnel
terowong

busshållplats
hentian bas

bar
bar

restaurang
restoran

brevlåda
peti surat

gatuskylt
papan tanda jalan

parkeringsautomat
meter parkir

zoo
zoo

simbassäng
kolam renang

moské
masjid

bondgård
ladang

förorening
pencemaran

kyrkogård
tanah perkuburan

kyrka
gereja

lekplats
taman permainan

tempel
kuil

landskap
landskap

löv
daun

vägskylt
tiang tanda

väg
jalan

äng
padang rumput

sten
batu

träd
pokok

liftare
pejalan kaki

flod
sungai

gräs
rumput

blomma
bunga

dal
lembah

kulle
bukit

sjö
tasik

skog
hutan

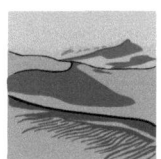

öken
padang pasir

vulkan
gunung berapi

slott
istana

regnbåge
pelangi

svamp
cendawan

palm
pokok kelapa sawit

mygga
nyamuk

fluga
terbang

myra
semut

bi
lebah

spindel
labah-labah

skalbagge

kumbang

groda

katak

ekorre

tupai

igelkott

landak

hare

arnab

uggla

burung hantu

fågel

burung

svan

angsa

vildsvin

babi jantan

rådjur

rusa

älg

moose

damm

empangan

vindkraftverk

turbin angin

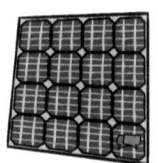

solcellspanel

panel solar

klimat

iklim

restaurang
restoran

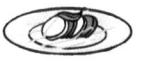

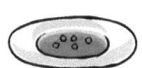

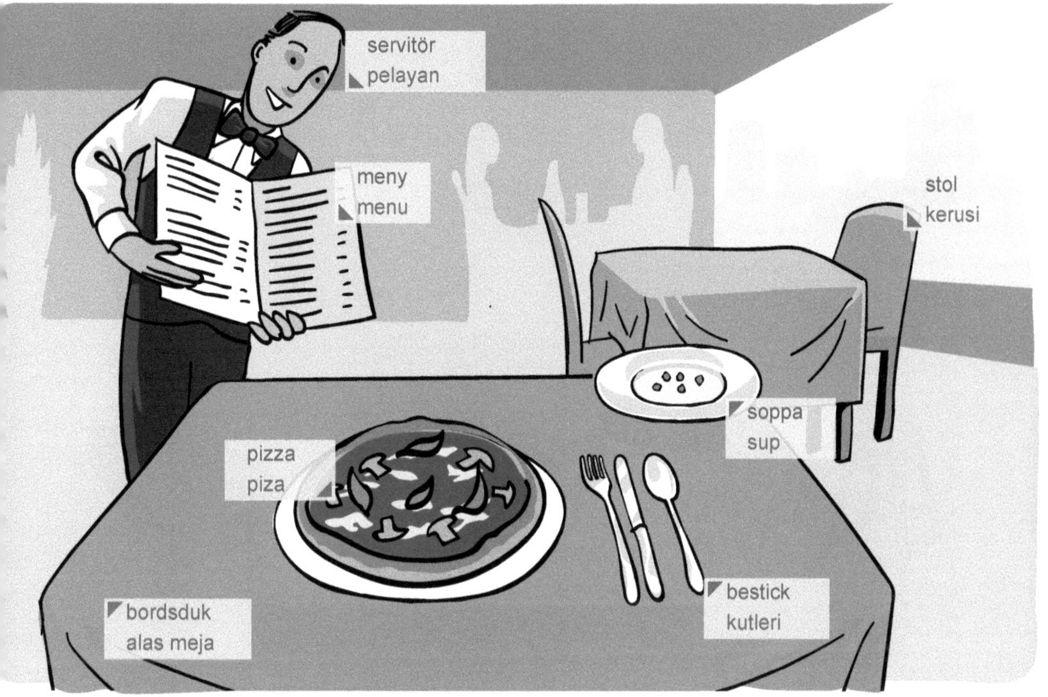

servitör
pelayan
meny
menu
stol
kerusi
soppa
sup
pizza
piza
bordsduk
alas meja
bestick
kutleri

förrätt
pemula

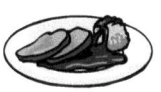

huvudrätt
hidangan utama

dessert
pencuci mulut

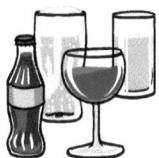

drycker
minuman

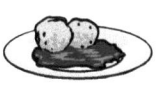

mat
makanan

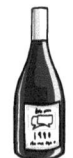

flaska
botol

snabbmat

makanan segera

street food

makanan jalanan

tekanna

teko

sockerskål

mangkuk gula

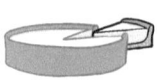

portion

bahagian

espressomaskin

mesin espreso

barnstol

kerusi tinggi

räkning

bil

bricka

dulang

kniv

pisau

gaffel

garfu

sked

sudu

tesked

sudu teh

servett

serviette

glas

gelas

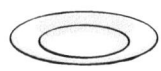

tallrik

pinggan

sopptallrik

mangkuk sup

tefat

piring

sås

sos

saltkar

tempat garam

pepparkvarn

pengisar lada

vinäger

cuka

olja

minyak

kryddor

rempah

ketchup

sos

senap

mustard

majonnäs

mayones

stormarknad

pasar raya

specialerbjudande
tawaran istimewa
FOR
kund
pelanggan
mejeriprodukter
tenusu
frukt
buah-buahan
varukorg
troli

BUTCHERS

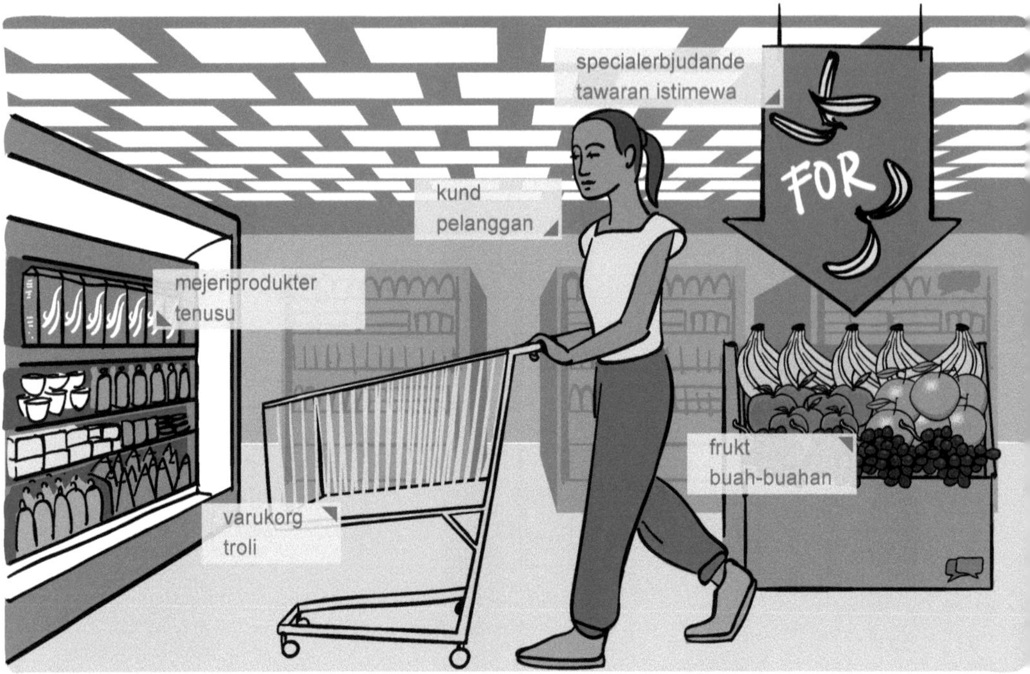

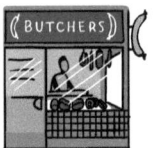

charkuteri

tukang daging

BAKERY

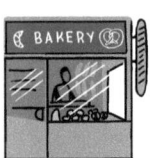

bageri

kedai roti

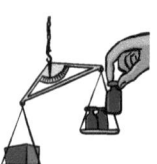

väga

berat

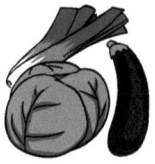

grönsaker

sayur-sayuran

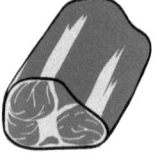

kött

daging

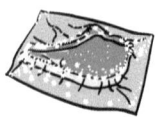

frysta livsmedel

makanan sejuk beku

pålägg

daging sejuk

konserver

makanan dalam tin

tvättmedel

serbuk pencuci

godis

gula-gula

hushållsprodukter

produk isi rumah

rengöringsmedel

produk pembersihan

försäljare

orang jualan

kassa

daftar tunai

kassör

juruwang

inköpslista

senarai membeli-belah

öppettider

waktu pembukaan

plånbok

beg duit

kreditkort

kad kredit

väska

beg

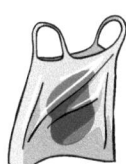

plastpåse

beg plastik

vatten

air

juice

jus

mjölk

susu

cola

kola

vin

wain

öl

bir

alkohol

alkohol

kakao

koko

te

the

kaffe

kopi

espresso

espreso

cappuccino

kapucino

banan

pisang

äpple

epal

apelsin

oren

melon

tembikai

citron

lemon

morot

lobak merah

vitlök

bawang putih

bambu

buluh

lök

bawang

svamp

cendawan

nötter

kacang

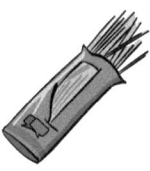

nudlar

mi

spaghetti

spageti

ris

nasi

sallad

salad

pommes frites

kerepek

stekt potatis

kentang goreng

pizza

piza

hamburgare

hamburger

smörgås

sandwic

schnitzel

kutlet

skinka

ham

salami

salami

korv

sosej

kyckling

ayam

stek

panggang

fisk

ikan

havregryn

bubur oat

müsli

muesli

cornflakes

emping jagung

mjöl

tepung

croissant

kroisan

fralla

roti roll

bröd

roti

rostat bröd

roti bakar

kex

biskut

smör

mentega

kvarg

dadih

kaka

kek

ägg

telur

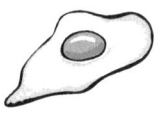

stekt ägg

telur goreng

ost

keju

glass

ais krim

socker

gula

honung

madu

sylt

jem

nougatkräm

krim nougat

curry

kari

bondgård
ladang

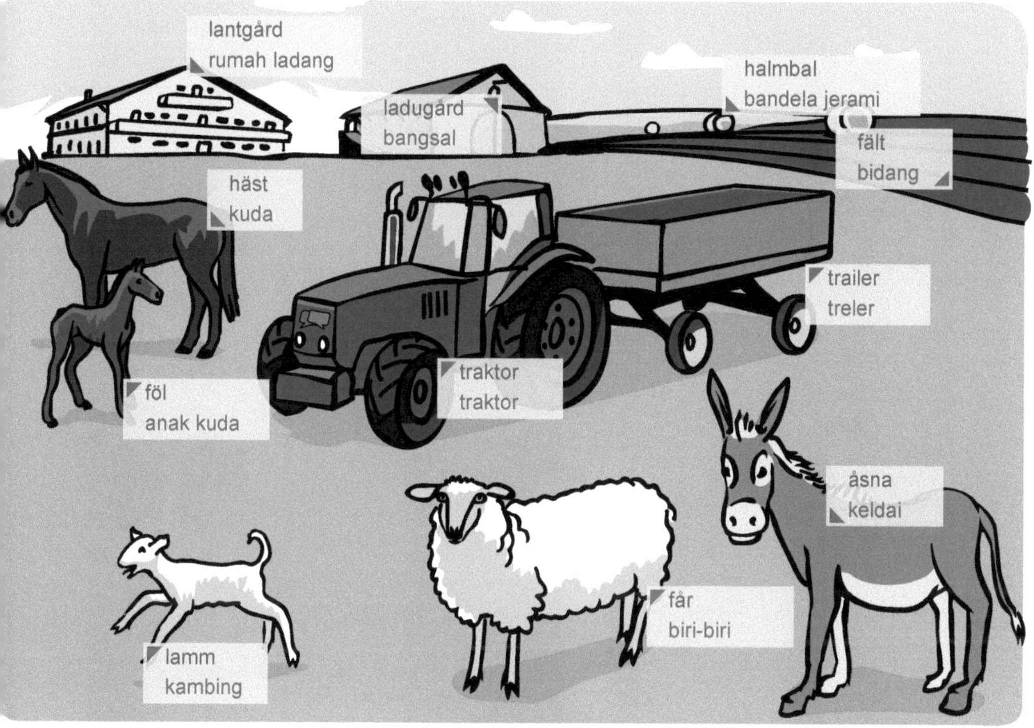

lantgård
rumah ladang
ladugård
bangsal
halmbal
bandela jerami
fält
bidang
häst
kuda
trailer
treler
föl
anak kuda
traktor
traktor
åsna
keldai
får
biri-biri
lamm
kambing

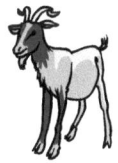

get
kambing

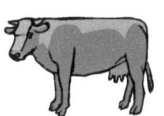

ko
lembu

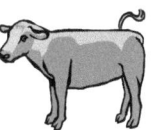

kalv
anak lembu

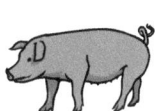

gris
babi

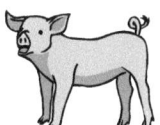

griskulting
anak babi

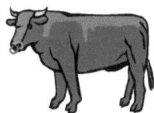

tjur
lembu

gås

angsa

anka

itik

kyckling

anak ayam

höna

ayam betina

tupp

ayam jantan muda

råtta

tikus

katt

kucing

mus

tikus

oxe

lembu jantan

hund

anjing

hundkoja

rumah anjing

trädgårdsslang

hos taman

vattenkanna

bekas siraman

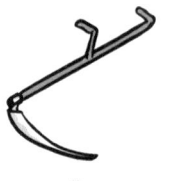

lie

sabit

plog

bajak

skära
sabit

hacka
cangkul

högaffel
serampang peladang

yxa
kapak

skottkärra
kereta sorong

tråg
palung

mjölkflaska
tin susu

säck
karung

staket
pagar

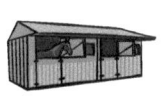

stall
stabil

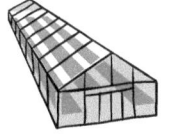

växthus
rumah hijau

jord
tanah

säd
benih

gödsel
baja

skördetröska
jentuai

skörda

tuai

skörd

menuai

jams

keladi

vete

gandum

soja

soya

potatis

kentang

majs

jagung

raps

biji sawi

fruktträd

pokok buah-buahan

maniok

ubi kayu

spannmål

bijirin

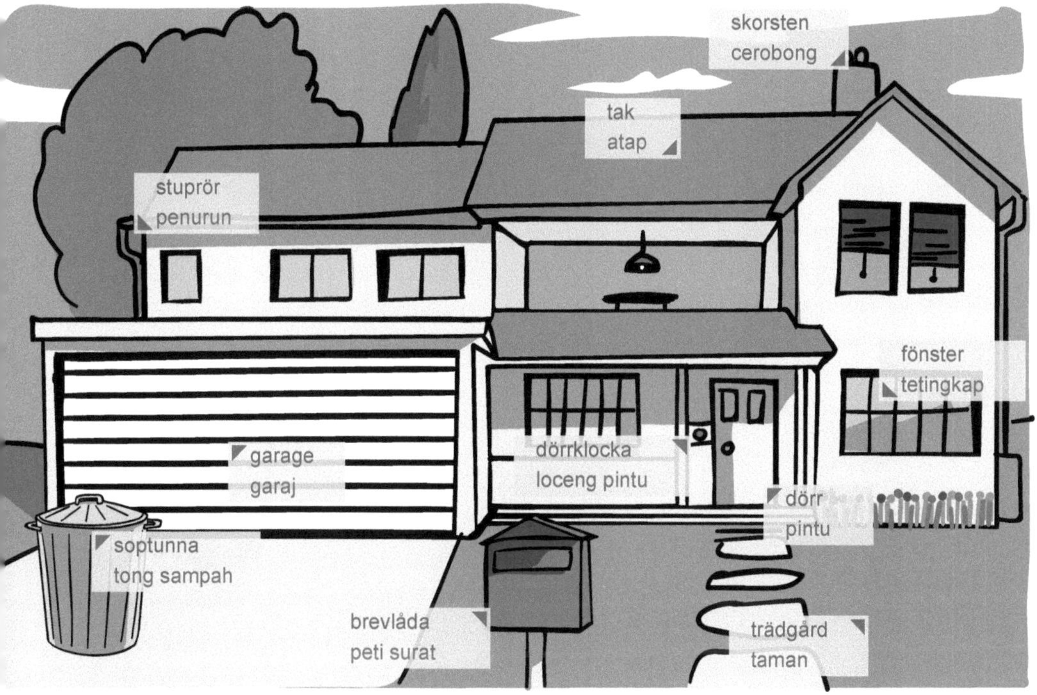

skorsten
cerobong

tak
atap

stuprör
penurun

fönster
tetingkap

garage
garaj

dörrklocka
loceng pintu

dörr
pintu

soptunna
tong sampah

brevlåda
peti surat

trädgård
taman

vardagsrum

ruang tamu

badrum

bilik air

kök

dapur

sovrum

bilik tidur

barnrum

bilik kanak-kanak

matsal

ruang makan

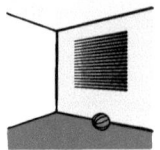

golv

lantai

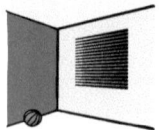

vägg

dinding

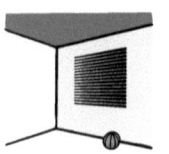

tak

siling

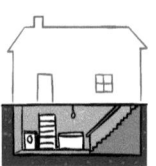

källare

bilik bawah tanah

bastu

sauna

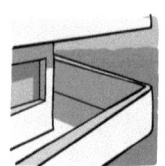

balkong

balkoni

terrass

teres

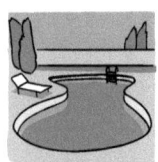

bassäng

kolam renang

gräsklippare

pemotong rumput

lakan

lembaran

överkast

penutup tilam

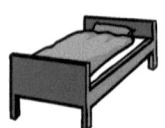

säng

katil

kvast

penyapu

hink

timba

strömbrytare

suis

vardagsrum
ruang tamu

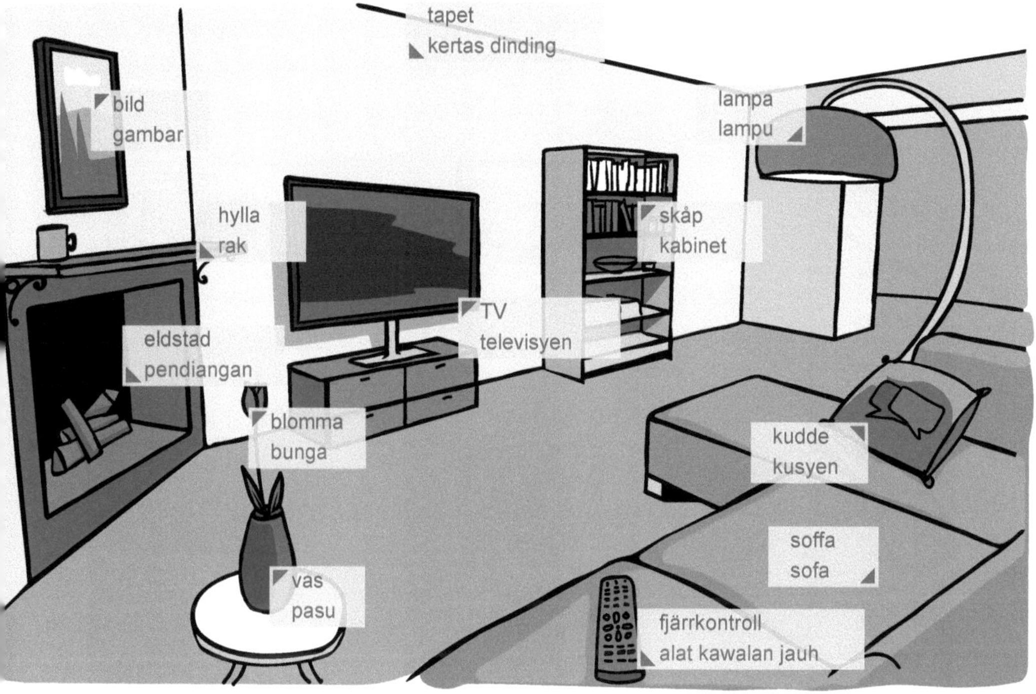

tapet
kertas dinding
bild
gambar
lampa
lampu
hylla
rak
skåp
kabinet
TV
televisyen
eldstad
pendiangan
blomma
bunga
kudde
kusyen
soffa
sofa
vas
pasu
fjärrkontroll
alat kawalan jauh

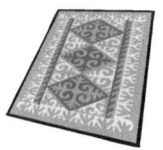

matta

permaidani

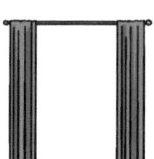

gardin

tirai

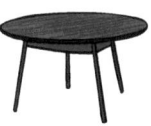

bord

meja

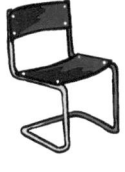

stol

kerusi

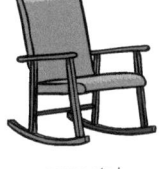

gungstol

kerusi malas

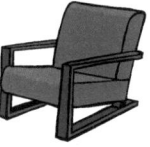

fåtölj

kerusi

bok
buku

filt
selimut

dekoration
hiasan

vedträ
kayu api

film
filem

stereoanläggning
hi-fi

nyckel
kunci

dagstidning
akhbar

målning
lukisan

poster
poster

radio
radio

anteckningsbok
buku catatan

dammsugare
penyedut habuk

kaktus
kaktus

stearinljus
lilin

kök
dapur

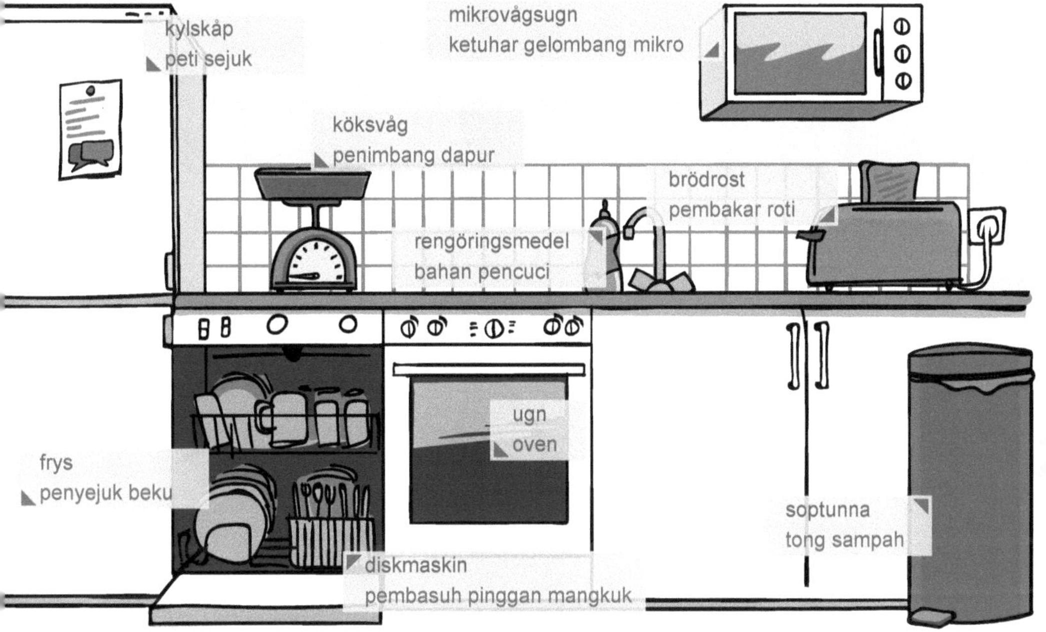
kylskåp
peti sejuk
mikrovågsugn
ketuhar gelombang mikro
köksvåg
penimbang dapur
brödrost
pembakar roti
rengöringsmedel
bahan pencuci
ugn
oven
frys
penyejuk beku
soptunna
tong sampah
diskmaskin
pembasuh pinggan mangkuk

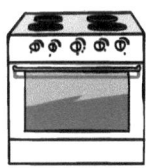

spis
periuk dapur

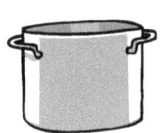

kastrull
periuk

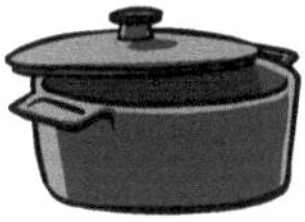

järngryta
periuk besi

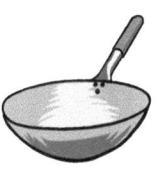

wok / kadai
kuali

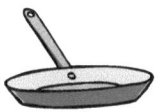

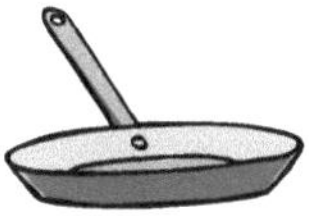

stekpanna
pan

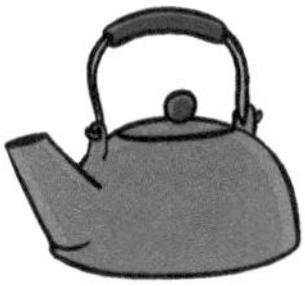

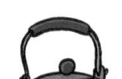

vattenkokare
cerek

ångkokare

pengukus

bakplåt

dulang pembakar

porslin

pinggan mangkuk

mugg

koleh

skål

mangkuk

ätpinnar

penyepit

soppslev

senduk

stekspade

spatula

visp

pengadun

durkslag

penapis

sil

ayak

rivjärn

pemarut

mortel

mortar

grill

barbeku

brasa

pembakaran terbuka

skärbräda

papan pencincang

kavel

pin golekan

korkskruv

skru gabus

burk

tin

burköppnare

pembuka tin

grytlapp

pemegang periuk

vask

sinki

borste

berus

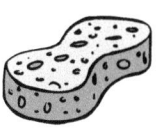

svamp

span

mixer

pengisar

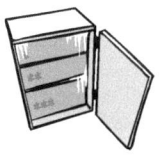

frys

penyejuk beku

nappflaska

botol bayi

kran

paip

kök - dapur

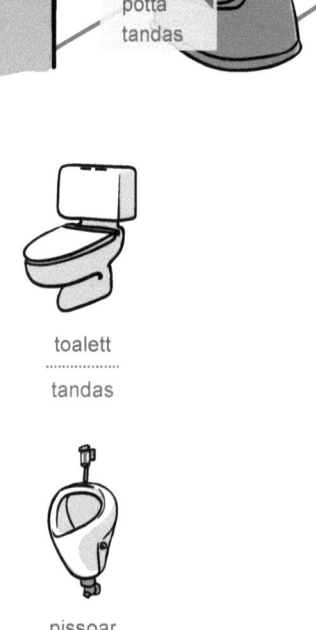

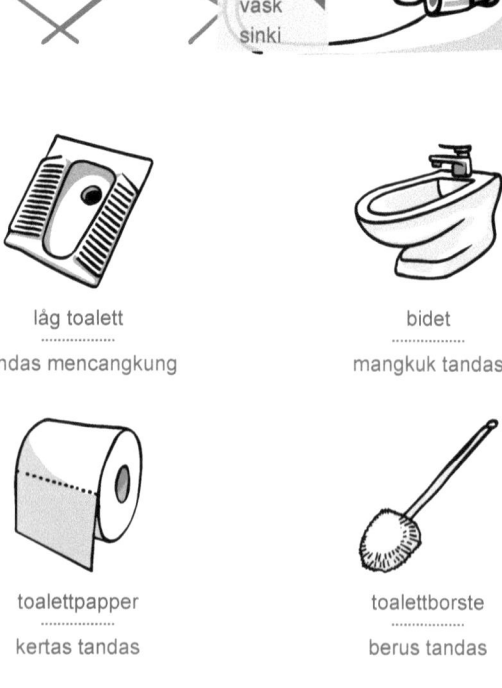

badrum
bilik air

värme
pemanasan
handduk
tuala
dusch
mandi
duschdraperi
tirai mandi
bubbelbad
mandi buih
badkar
tab mandi
tvättmaskin
mesin basuh
kakel
jubin
potta
tandas
glas
gelas
kran
paip
vask
sinki

toalett

tandas

låg toalett

tandas mencangkung

bidet

mangkuk tandas

pissoar

tandas awam

toalettpapper

kertas tandas

toalettborste

berus tandas

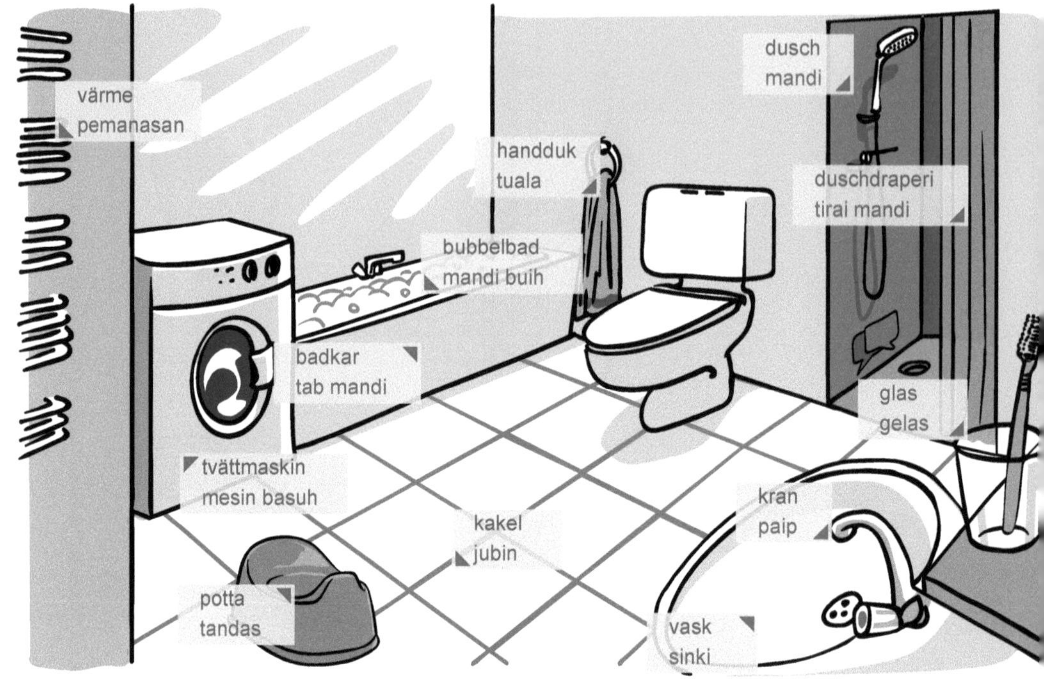

tandborste

berus gigi

tandkräm

ubat gigi

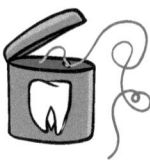

tandtråd

flos gigi

tvätta

cuci

handdusch

mandian tangan

intimdusch

pancuran

handfat

besen

ryggborste

belakang berus

tvål

sabun

duschgel

gel mandian

schampo

syampu

trasa

flanel

avlopp

longkang

crème

krim

deodorant

deodoran

spegel

cermin

handspegel

cermin tangan

rakhyvel

pisau cukur

raklödder

busa cukur

rakvatten

selepas cukur

kam

sikat

borste

berus

hårtork

pengering rambut

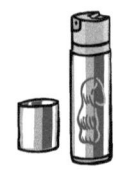

hårspray

semburan rambut

smink

mekap

läppstift

gincu

nagellack

varnis kuku

bomullsvadd

bulu kapas

nagelsax

gunting kuku

parfym

pewangi

necessär

beg basuhan

pall

bangku

våg

skala berat

badrock

jubah mandi

gummihandskar

sarung tangan getah

tampong

kapas

binda

tuala wanita

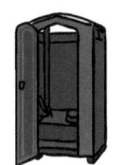

kemisk toalett

tandas kimia

barnrum
bilik kanak-kanak

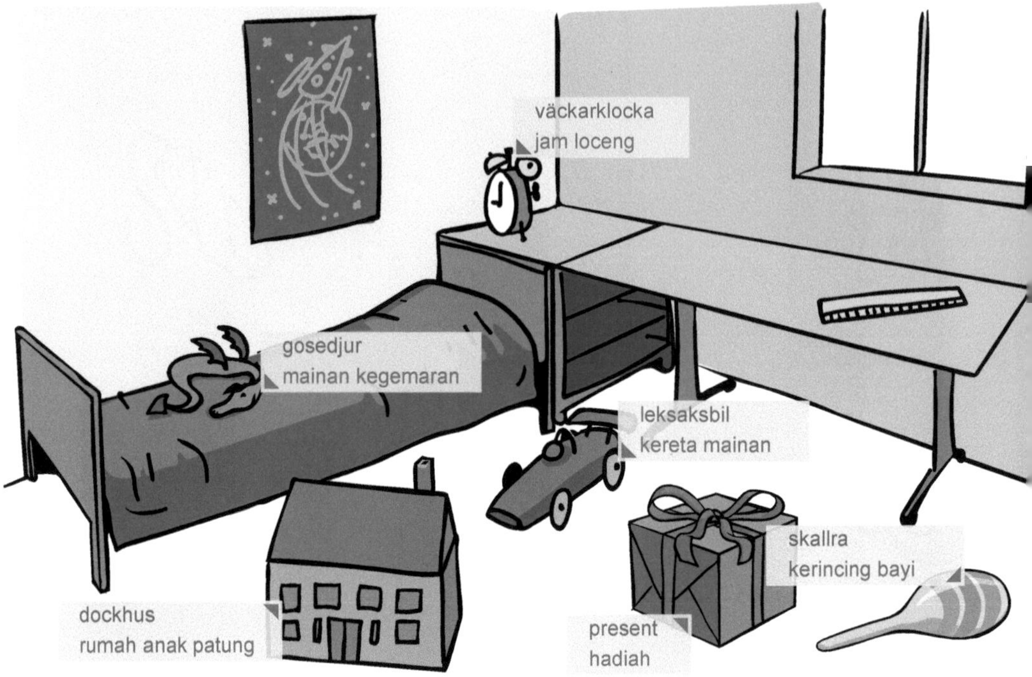
väckarklocka
jam loceng
gosedjur
mainan kegemaran
leksaksbil
kereta mainan
skallra
kerincing bayi
dockhus
rumah anak patung
present
hadiah

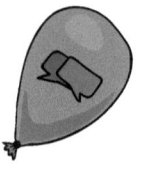

ballong
belon

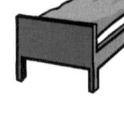

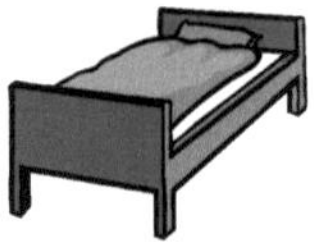

säng
katil

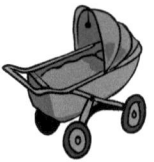

barnvagn
kereta sorong bayi

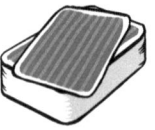

kortlek
set kad

pussel
susun suai gambar

SUPER MEGA

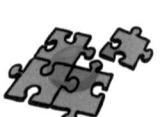

serietidning
komik

legobitar

batu bata lego

klossar

blok mainan

actionfigur

figura aksi

sparkdräkt

baju bayi

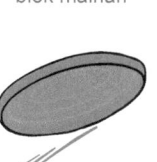

frisbee

frisbee

mobil

mainan bayi mudah alih

brädspel

permainan papan

tärning

dadu

modelljärnväg

set model kereta api

napp

palsu

party

parti

bilderbok

buku bergambar

boll

bola

docka

anak patung

spela

main

sandlåda

lubang pasir

gunga

buai

leksaker

mainan

spelkonsol

konsol permainan video

trehjuling

basikal roda tiga

nalle

anak patung beruang

garderob

almari pakaian

kläder

pakaian

sockar

stoking

strumpor

stoking

tights

ketat

halsduk
skarf

paraply
payung

/keselamatan

t-shirt
kemeja-t

stövlar
but

tofflor
selipar

sneakers
kasut sukan

| sandaler | skor | gummistövlar |
| sandal | kasut | but getah |

| underbyxor | BH | linne |
| seluar dalam | coli | ves |

body
badan

byxor
Seluar panjang

jeans
jean

kjol
skirt

blus
blaus

skjorta
kemeja

pullover
baju panas sarung

sweater
sweater

blazer
blazer

jacka
jaket

kappa
kot

regnjacka
baju hujan

dräkt
kostum

klänning
pakaian

bröllopsklänning
baju pengantin

kostym

sut

nattlinne

baju tidur

pyjamas

baju tidur

sari

sari

slöja

skarf kepala

turban

serban

burka

burqa

kaftan

kaftan

abaya

abaya/jubah

baddräkt

baju renang

badbyxor

seluar renang

shorts

seluar pendek

träningsoverall

sut balapan

förkläde

apron

handskar

sarung tangan

knapp

butang

glasögon

cermin mata

armband

gelang tangan

halsband

rantai leher

ring

cincin

örhänge

subang

mössa

topi

galge

penyangkut kot

hatt

topi

slips

tali leher

dragkedja

zip

hjälm

topi keledar

hängslen

pendakap

skoluniform

uniform sekolah

uniform

seragam

haklapp

lapik dada

napp

palsu

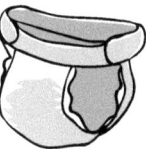

blöja

lampin

kontor
pejabat

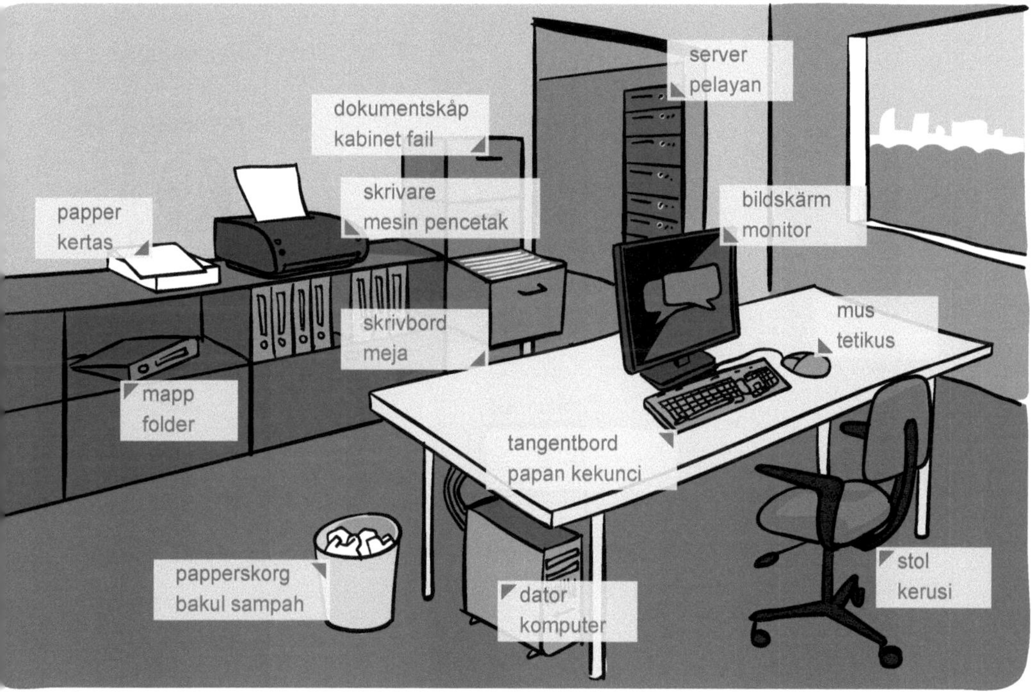

server
pelayan

dokumentskåp
kabinet fail

skrivare
mesin pencetak

papper
kertas

bildskärm
monitor

skrivbord
meja

mus
tetikus

mapp
folder

tangentbord
papan kekunci

papperskorg
bakul sampah

dator
komputer

stol
kerusi

kaffemugg

cawan kopi

miniräknare

kalkulator

internet

internet

bärbar dator

komputer riba

brev

surat

meddelande

mesej

mobiltelefon

mudah alih

nätverk

rangkaian

kopieringsapparat

mesin fotokopi

programvara

perisian

telefon

telefon

vägguttag

soket plag

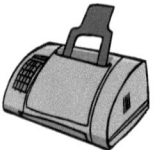

fax

mesin faks

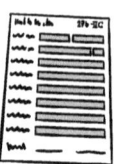

blankett

bentuk

dokument

dokumen

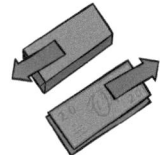

köpa
beli

betala
bayar

handla
berdagang

pengar
wang

USD

dollar
dolar

EUR

euro
euro

JPY

yen
yen

RUB

rubel
rubel

CHF

schweizisk franc
franc swiss

CNY

renminbi yan
renminbi yuan

INR

rupie
rupee

bankomat
mata tunai

växelkontor

pejabat tukaran mata wang

guld

emas

silver

perak

olja

minyak

energi

tenaga

pris

harga

kontrakt

kontrak

skatt

cukai

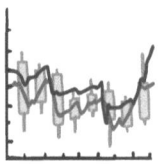

aktie

stok

arbeta

kerja

anställd

pekerja

arbetsgivare

majikan

fabrik

kilang

affär

kedai

yrken
pekerjaan

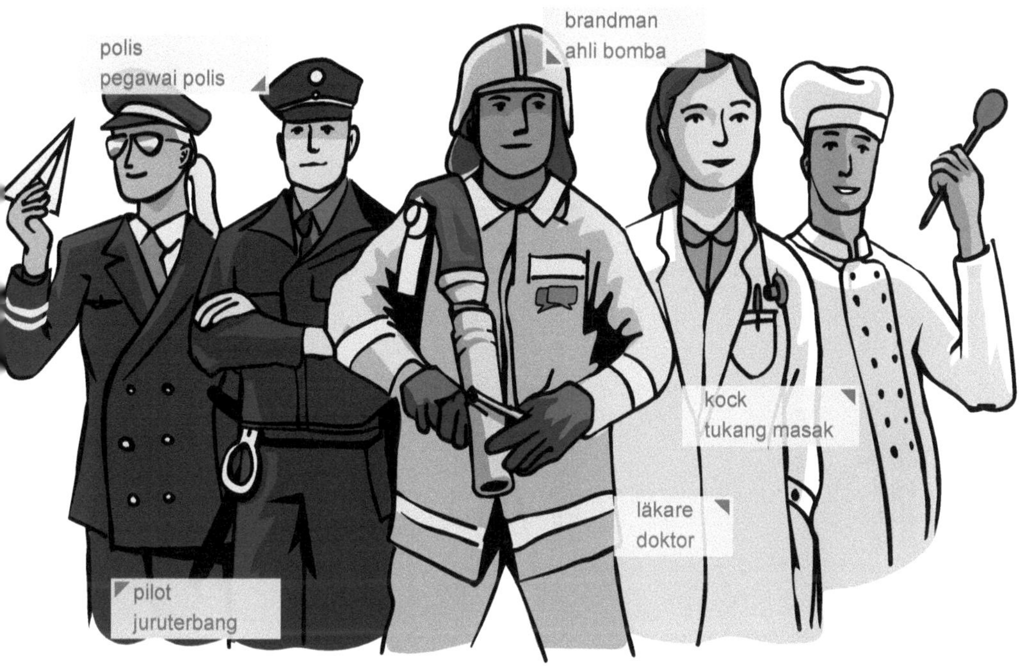

polis
pegawai polis
brandman
ahli bomba
kock
tukang masak
läkare
doktor
pilot
juruterbang

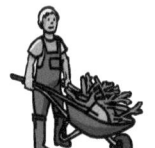

trädgårdsmästare

tukang kebun

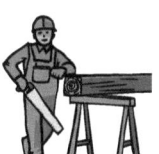

snickare

tukang kayu

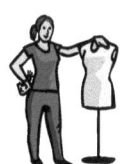

sömmerska

tukang jahit

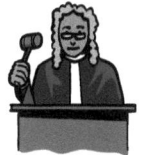

domare

hakim

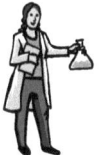

kemist

ahli kimia

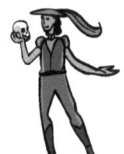

skådespelare

pelakon

busschaufför

pemandu bas

taxichaufför

pemandu teksi

fiskare

nelayan

städerska

wanita pencuci

takläggare

kasau

servitör

pelayan

jägare

pemburu

målare

pelukis

bagare

bakeri

elektriker

juruelektrik

byggarbetare

pembangun

ingenjör

jurutera

slaktare

penjual daging

rörmokare

tukang paip

brevbärare

posmen

soldat

askar

arkitekt

arkitek

kassör

juruwang

florist

kedai bunga

frisör

pendandan rambut

konduktör

konduktor

mekaniker

mekanik

kapten

kapten

tandläkare

doktor gigi

vetenskapsman

ahli sains

rabbin

tuhanku

imam

imam

munk

sami

präst

paderi

verktyg
alat

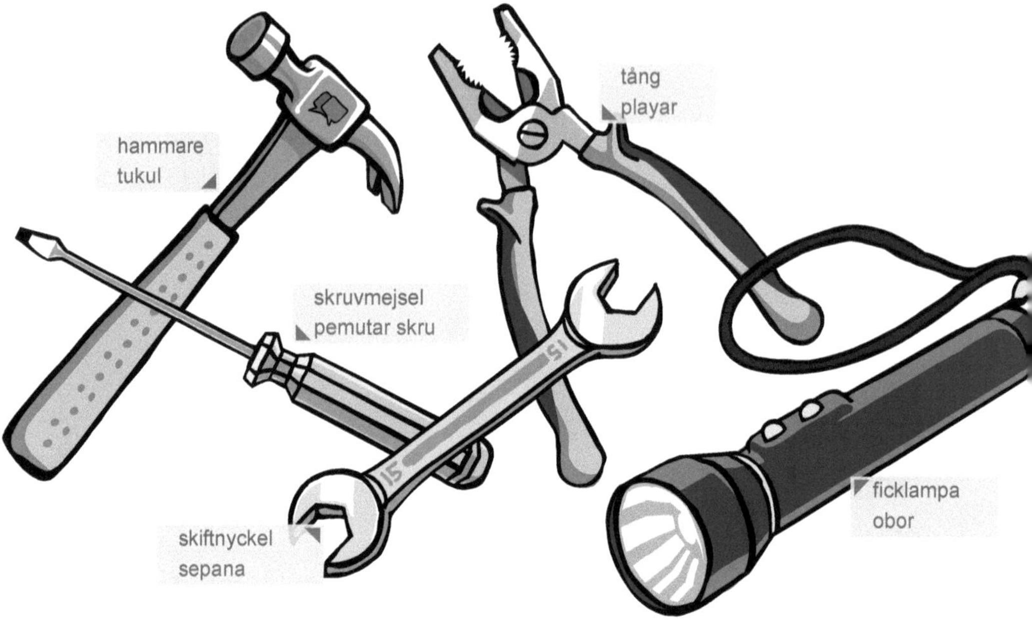

hammare
tukul
tång
playar
skruvmejsel
pemutar skru
skiftnyckel
sepana
ficklampa
obor

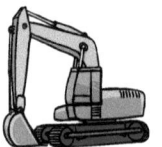

grävmaskin

pengorek

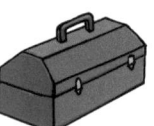

verktygslåda

kotak peralatan

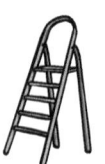

stege

tangga

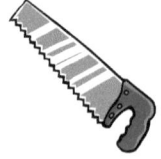

såg

gergaji

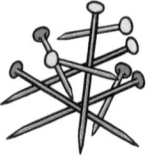

spik

kuku

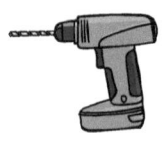

borr

gerudi

reparera
baiki

spade
penyodok

Helvete!
Celaka!

sopskyffel
penadah sampah

färgburk
periuk cat

skruvar
skru

musikinstrument
alat muzik

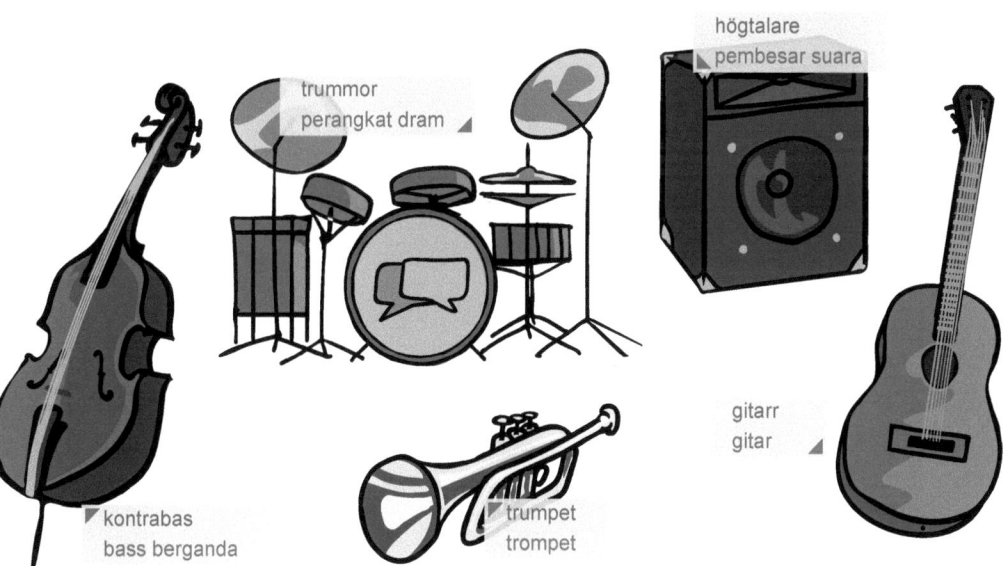

trummor
perangkat dram

högtalare
pembesar suara

kontrabas
bass berganda

trumpet
trompet

gitarr
gitar

piano	violin	bas
piano	biola	bass

timpani	trumma	keyboard
timpani	dram	papan kekunci

saxofon	flöjt	mikrofon
saksofon	seruling	mikrofon

ZOO

ZOO

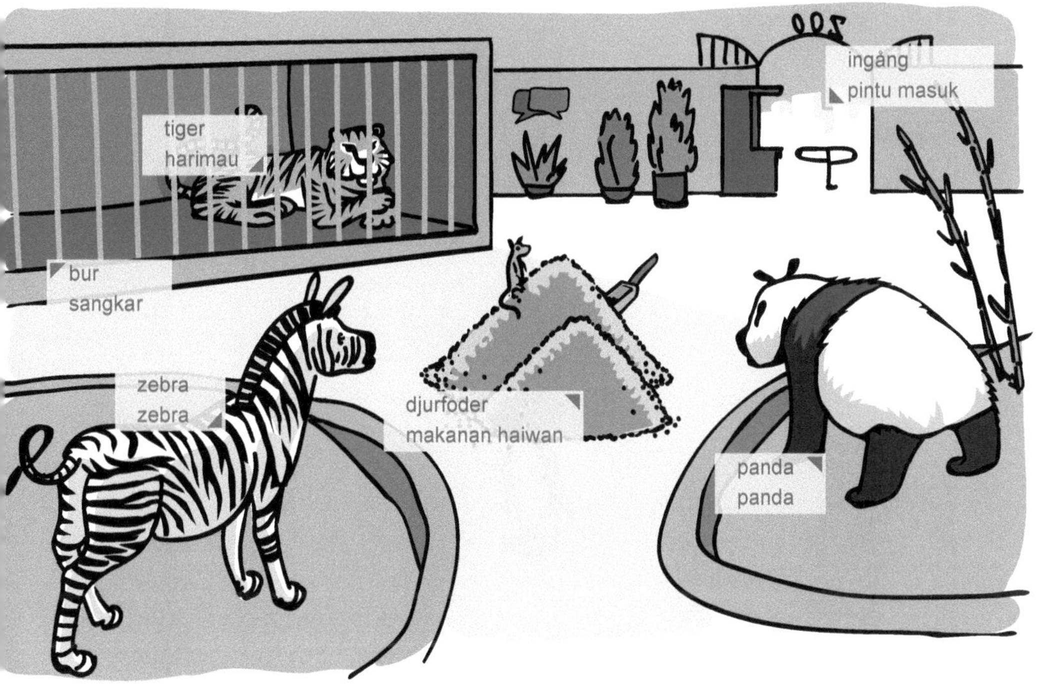
ingång
pintu masuk
tiger
harimau
bur
sangkar
zebra
zebra
djurfoder
makanan haiwan
panda
panda

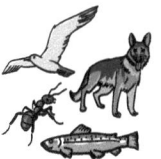

djur

haiwan

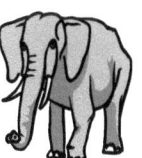

elefant

gajah

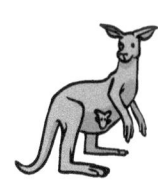

känguru

kanggaru

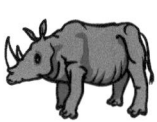

noshörning

badak sumbu

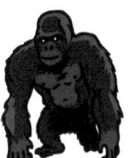

gorilla

gorila

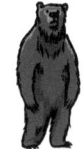

björn

beruang

kamel
unta

struts
burung unta

lejon
singa

apa
monyet

flamingo
flamingo

papegoja
nuri

isbjörn
beruang kutub

pingvin
penguin

haj
yu

påfågel
merak

orm
ular

krokodil
buaya

djurskötare
penjaga zoo

säl
anjing laut

jaguar
jaguar

ponny
kuda

leopard
harimau

flodhäst
badak air

giraff
zirafah

örn
helang

vildsvin
babi jantan

fisk
ikan

sköldpadda
penyu

valross
anjing laut

räv
musang

gazell
rusa

amerikansk fotboll
bola sepak Amerika

cykling
berbasikal

tennis
tenis

basket
bola keranjang

simning
renang

boxning
tinju

ishockey
hoki ais

fotboll
bola sepak

badminton
badminton

friidrott
olahraga

handboll
bola baling

skidåkning
ski

polo
polo

aktiviteter

aktiviti

skratta
ketawa
hoppa
lompat
krama
peluk
gå
berjalan
sjunga
menyanyi
drömma
mimpi
be
berdoa
kyssa
cium

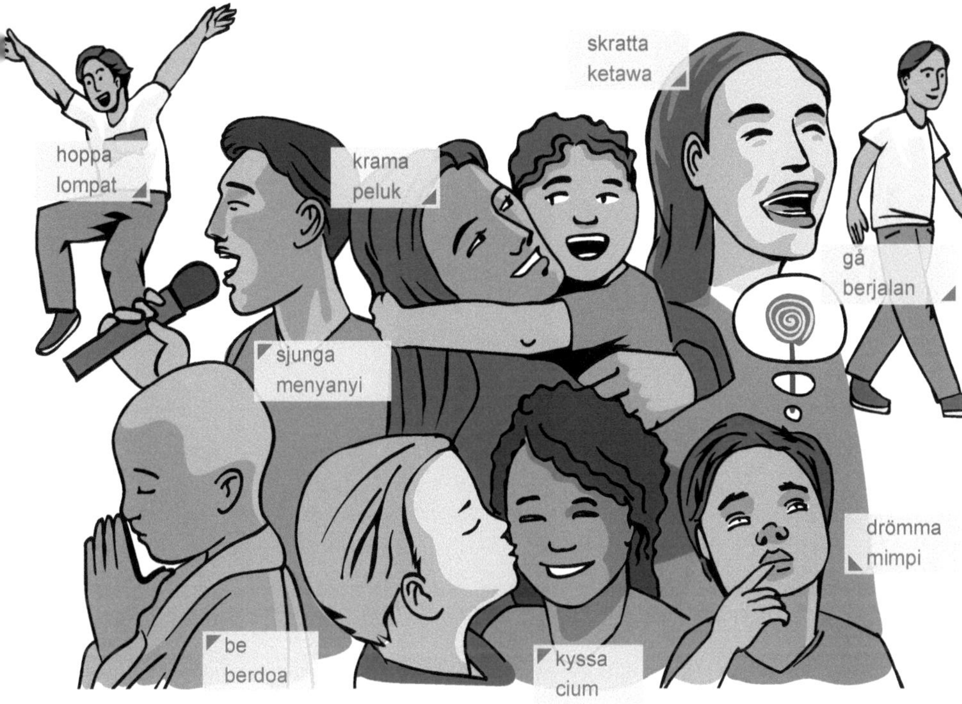

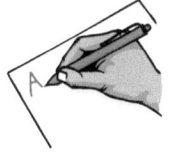

skriva

tulis

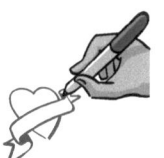

rita

lukis

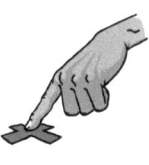

visa

tunjuk

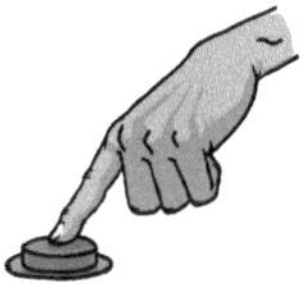

skjuta

tolak

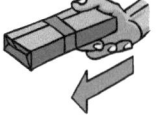

ge

beri

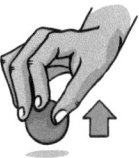

ta

ambil

hagel

ada

göra

buat

vara

ialah

stå

berdiri

springa

lari

dra

tarik

kasta

buang

falla

jatuh

ligga

tipu

vänta

tunggu

bära

bawa

sitta

duduk

klä på

pakai

sova

tidur

vakna

bangkit

se på

lihat pada

gråta

menangis

smeka

strok

kamma

sikat

prata

cakap

förstå

faham

fråga

tanya

höra

dengar

dricka

minum

äta

makan

städa

mengemas

älska

sayang

laga mat

masak

köra

pandu

flyga

terbang

segla

belayar

räkna

kira

läsa

baca

lära sig

belajar

arbeta

kerja

gifta sig

nikah

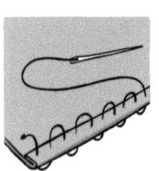

sy

jahit

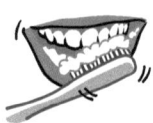

borsta tänderna

memberus gigi

döda

bunuh

röka

asap

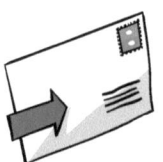

skicka

hantar

mormor/farmor
nenek

morfar/farfar
datuk

pappa
bapa

mamma
ibu

baby
bayi

dotter
anak perempuan

son
anak lelaki

gäst

tetamu

moster/faster

mak cik

farbror/morbror

pak cik

bror

abang

syster

kakak

kropp

badan

panna
dahi
öga
mata
ansikte
muka
haka
dagu
bröst
dada
finger
jari
hand
tangan
arm
lengan
skuldra
bahu
ben
kaki

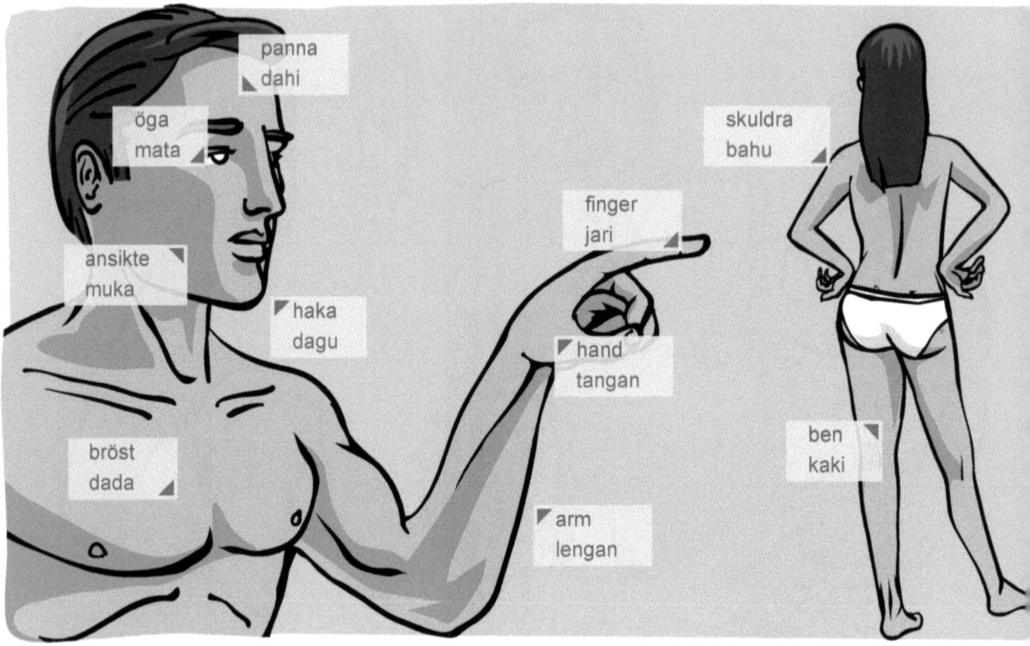

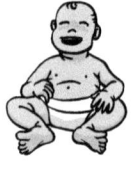

baby

bayi

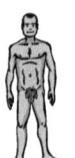

man

lelaki

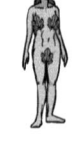

kvinna

wanita

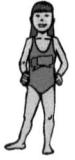

flicka

perempuan

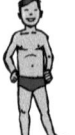

pojke

lelaki

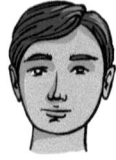

huvud

kepala

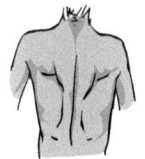

rygg

belakang

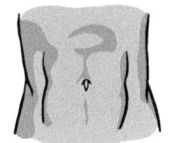

mage

bawah perut

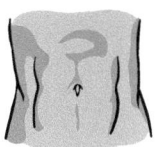

navel

pusat

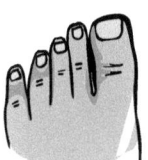

tå

jari kaki

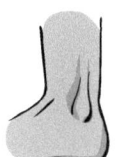

häl

tumit

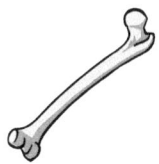

ben

tulang

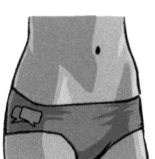

höft

pinggul

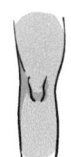

knä

lutut

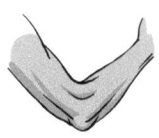

armbåge

siku

näsa

hidung

stjärt

bawah

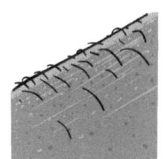

hud

kulit

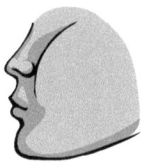

kind

pipi

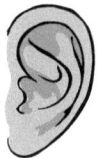

öra

telinga

läpp

bibir

mun
mulut

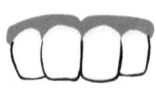

tand
gigi

tunga
lidah

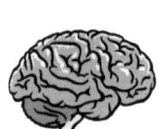

hjärna
otak

hjärta
hati

muskel
otot

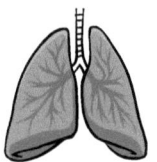

lunga
paru-paru

lever
hati

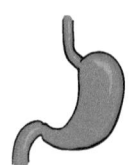

magsäck
perut

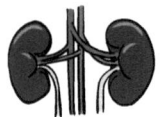

njurar
buah pinggang

sex
seks

kondom
kondom

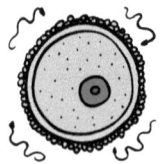

äggcell
faraj

sperma
mani

graviditet
mengandung

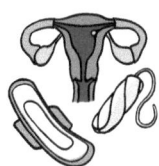

menstruation

haid

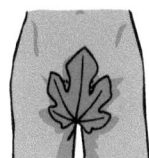

vagina

faraj

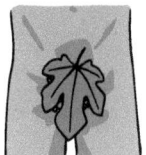

penis

penis

ögonbryn

kening

hår

rambut

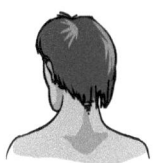

nacke

leher

sjukhus
hospital

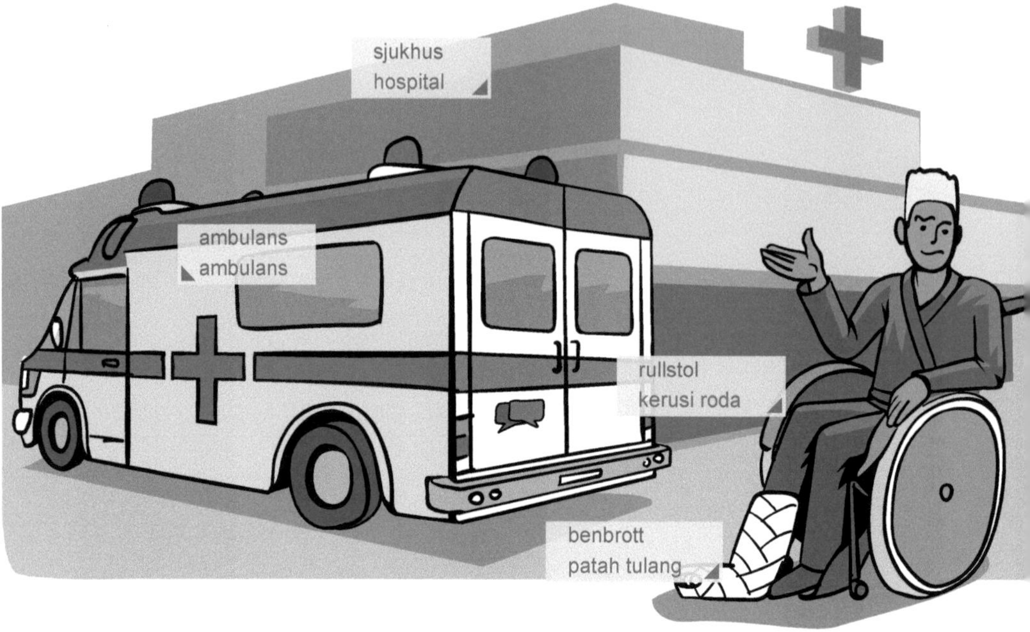

sjukhus
hospital
ambulans
ambulans
rullstol
kerusi roda
benbrott
patah tulang

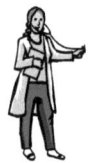

läkare

doktor

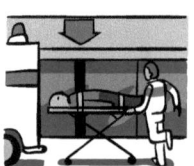

akutmottagning

bilik kecemasan

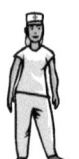

sjuksköterska

jururawat

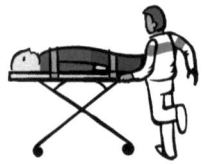

nödsituation

kecemasan

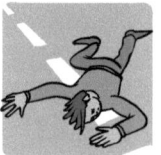

medvetslös

tak sedar

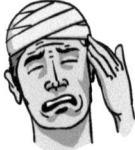

smärta

sakit

skada
kecederaan

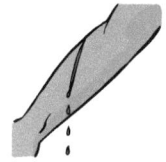

blödning
pendarahan

hjärtattack
serangan jantung

slaganfall
strok

allergi
alergi

hosta
batuk

feber
demam

influensa
selesema

diarré
cirit-birit

huvudvärk
sakit kepala

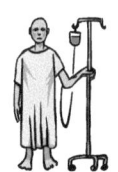

cancer
kanser

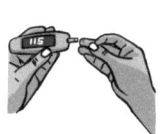

diabetes
diabetes

kirurg
pakar bedah

skalpell
pisau bedah

operation
pembedahan

CT
CT

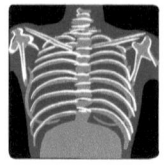

röntgen
x-ray

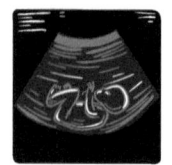

ultraljud
ultrabunyi

ansiktsmask
topeng muka

sjukdom
penyakit

väntsal
bilik menunggu

krycka
penongkat

plåster
plaster

bandage
pembalut

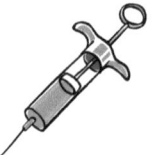

injektion
suntikan

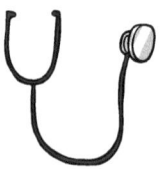

stetoskop
stetoskop

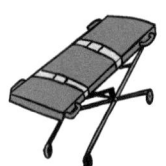

bår
pengusung

termometer
termometer klinik

födsel
kelahiran

övervikt
berat badan berlebihan

hörapparat

alat pendengaran

desinfektionsmedel

disinfektan

infektion

jangkitan

virus

virus

HIV / AIDS

HIV / AIDS

medicin

perubatan

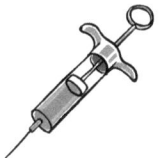

vaccination

vaksinasi

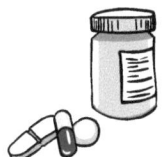

tabletter

tablet

p-piller

pil

nödsamtal

panggilan kecemasan

blodtrycksmätare

pantau tekanan darah

sjuk / frisk

sakit / sihat

nödsituation
kecemasan

Hjälp!

Tolong!

alarm

penggera

överfall

serang

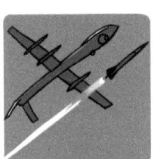

misshandel

serangan

fara

bahaya

nödutgång

pintu kecemasan

Det brinner!

Api!

brandsläckare

alat pemadam api

olycka

kemalangan

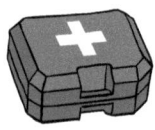

förbandslåda

alat pertolongan cemas

SOS

SOS

polis

polis

Europa

Eropah

Nordamerika

Amerika Utara

Sydamerika

Amerika Selatan

Afrika

Afrika

Asien

Asia

Australien

Australia

Atlanten

Atlantic

Stilla Havet

Pasifik

Indiska Oceanen

Lautan Hindi

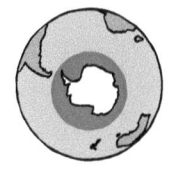

Antarktiska Oceanen

Lautan Antartik

Arktiska Oceanen

Lautan Artik

Nordpol

Kutub utara

Sydpol

Kutub Selatan

Antarktis

Antartika

Jorden

bumi

land

tanah

hav

laut

ö

pulau

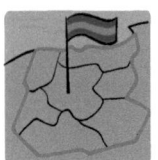

nation

negara

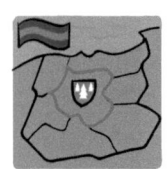

stat

negeri

urtavla

muka jam

timvisare

tangan jam

minutvisare

tangan minit

sekundvisare

terpakai

Vad är klockan?

Jam berapa sekarang

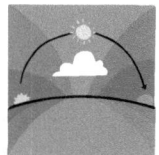

dag

hari

tid

masa

nu

sekarang

digital klocka

jam digital

minut

minit

timme

jam

vecka
minggu

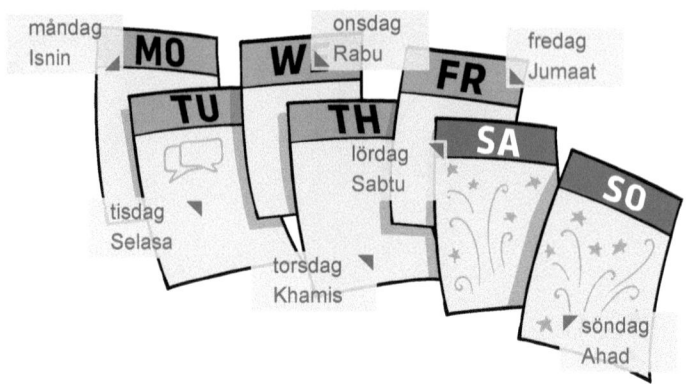

måndag
Isnin

onsdag
Rabu

fredag
Jumaat

tisdag
Selasa

torsdag
Khamis

lördag
Sabtu

söndag
Ahad

igår
semalam

idag
hari ini

imorgon
esok

morgon
pagi

middag
tengah hari

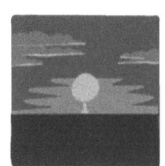

kväll
petang

MO	TU	WE	TH	FR	SA	SU
1	2	3	4	5	6	7
8	9	10	11	12	13	14
15	16	17	18	19	20	21
22	23	24	25	26	27	28
29	30	31	1	2	3	4

vardagar
hari kerja

MO	TU	WE	TH	FR	SA	SU
1	2	3	4	5	6	7
8	9	10	11	12	13	14
15	16	17	18	19	20	21
22	23	24	25	26	27	28
29	30	31	1	2	3	4

helg
hari minggu

år

tahun

regn
hujan
regnbåge
pelangi
snö
salji
vind
angin
vår
musim bunga
höst
musim luruh
sommar
musim panas
vinter
musim salji

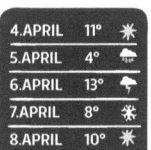

4.APRIL 11°
5.APRIL 4°
6.APRIL 13°
7.APRIL 8°
8.APRIL 10°

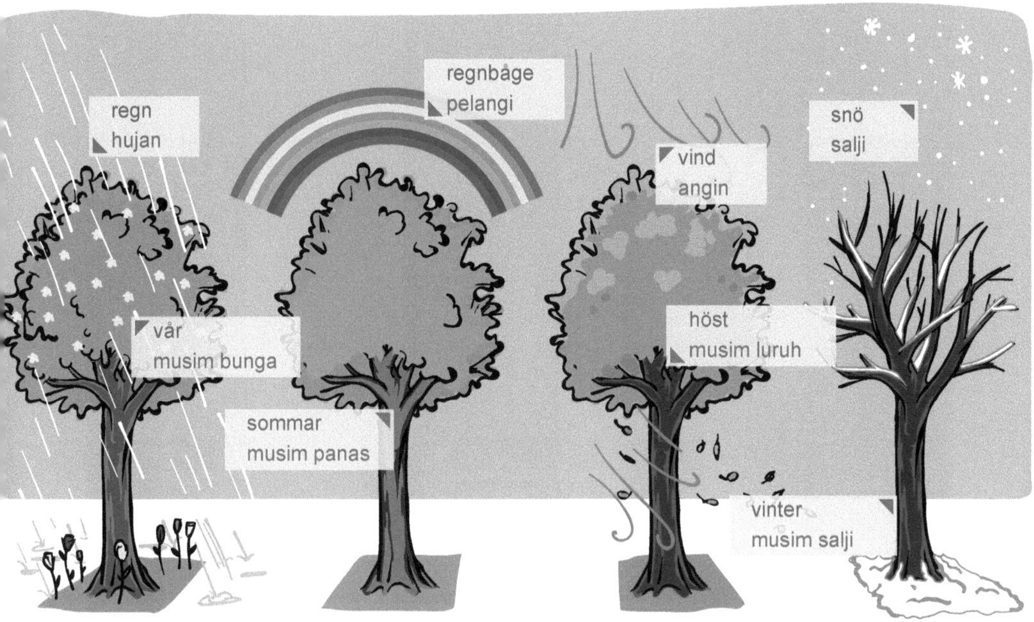

väderprognos

ramalan cuaca

F C
120 40
90 30
60 20
30 10
0 0
-30 -10
-20

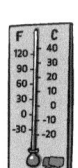

termometer

termometer

solsken

sinar matahari

moln

awan

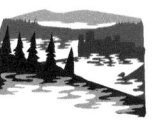

dimma

kabus

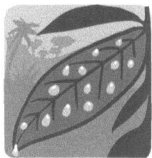

luftfuktighet

lembapan

blixt

kilat

åska

petir

storm

ribut

hagel

hujan batu

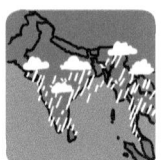

monsun

monsun

översvämning

banjir

is

ais

januari

Januari

februari

Februari

mars

Mac

april

April

maj

Mei

juni

Jun

juli

Julai

augusti

Ogos

år - tahun

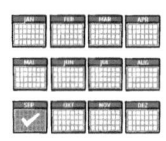

september
....
September

oktober
....
Oktober

november
....
November

december
....
Disember

former
bentuk

cirkel
....
bulatan

kvadrat
....
petak

rektangel
....
segi empat tepat

triangel
....
segitiga

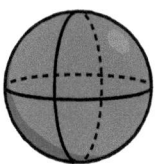

sfär
....
sfera

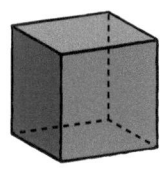

kub
....
kiub

vit

putih

gul

kuning

orange

oren

rosa

merah jambu

röd

merah

lila

ungu

blå

biru

grön

hijau

brun

coklat

grå

kelabu

svart

hitam

mycket / lite

banyak / sedikit

arg / lugn

marah / tenang

vacker / ful

cantik / hodoh

början / slut

bermula / tamat

stor / liten

besar kecil

ljus / mörk

terang / gelap

bror / syster

abang / kakak

ren / smutsig

bersih / kotor

komplett / ofullständig

lengkap / tidak lengkap

dag / natt

hari / malam

död / levande

mati / hidup

bred / smal

luas / sempit

ätlig / oätlig

boleh dimakan / tidak boleh dimakan

ond / god

jahat / baik

upphetsad / uttråkad

teruja / bosan

tjock / smal

gemuk / kurus

först / sist

pertama / terakhir

vän / fiende

kawan / musuh

full / tom

penuh / kosong

hård / mjuk

keras / lembut

tung / lätt

berat / ringan

hunger / törst

lapar / dahaga

sjuk / frisk

sakit / sihat

olaglig / laglig

menyalahi undang-undang / undang-undang

intelligent / dum

pintar / bodoh

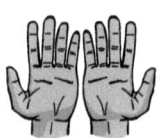

vänster / höger

kiri / kanan

nära / långt bort

dekat / jauh

ny / begagnad

baru / lama

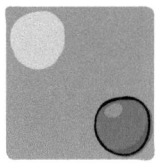

inget / något

tiada / sesuatu

gammal / ung

tua / muda

på / av

hidup / mati

öppen / stängd

terbuka / tertutup

tyst / högljudd

diam / bising

rik / fattig

kaya / miskin

rätt / fel

betul / salah

grov / slät

kasar / halus

ledsen / glad

sedih / gembira

kort / lång

pendek / panjang

långsam / snabb

lambat / laju

våt / torr

basah / kering

varm / sval

panas / sejuk

krig / fred

berperang / berdamai

siffror

nombor

0	**1**	**2**
noll	ett	två
sifar	satu	dua

3	**4**	**5**
tre	fyra	fem
tiga	empat	lima

6	**7**	**8**
sex	sju	åtta
enam	tujuh	lapan

9	**10**	**11**
nio	tio	elva
sembilan	sepuluh	sebelas

12
tolv

dua belas

13
tretton

tiga belas

14
fjorton

empat belas

15
femton

lima belas

16
sexton

enam belas

17
sjutton

tujuh belas

18
arton

lapan belas

19
nitton

Sembilan belas

20
tjugo

dua puluh

100
hundra

ratus

1.000
tusen

ribu

1.000.000
miljon

juta

engelska

Bahasa Inggeris

amerikansk engelska

Bahasa Inggeris Amerika

kinesisk mandarin

Bahasa Cina Mandarin

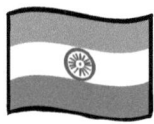

hindi

Bahasa Hindi

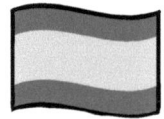

spanska

Bahasa Sepanyol

franska

Bahasa Perancis

arabiska

Bahasa Arab

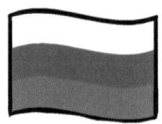

ryska

Bahasa Rusia

portugisiska

Bahasa Portugis

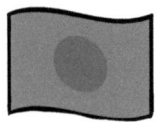

bengali

Bahasa Benggali

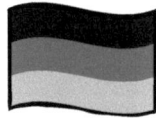

tyska

Bahasa Jerman

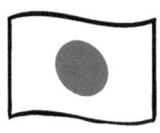

japanska

Bahasa Jepun

jag

saya

du

anda

han / hon / den (det)

dia / dia / ia

vi

kita

ni

anda

de

mereka

vem?

siapa?

vad?

apa?

hur?

bagaimana?

var?

di mana?

när?

bila?

namn

nama

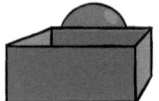

bakom

belakang

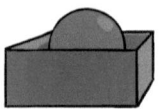

i

dalam

framför

di hadapan

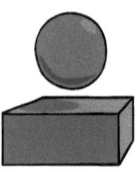

över

lebih

på

pada

under

di bawah

bredvid

bersebelahan

mellan

antara

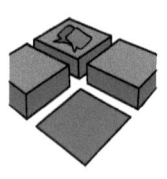

plats

tempat